England und wir!

Vortrag,

gehalten im Verein der Industriellen
des Regierungsbezirks Köln a. Rhein
am 13. November 1916

von

Dr. Georg Solmssen,

Geschäftsinhaber der Disconto-Gesellschaft in Berlin und
Direktor des A. Schaaffhausen'schen Bankvereins A.-G. in Köln.

A. Marcus & E. Webers Verlag (Dr. jur. Albert Ahn) in Bonn

Nachstehende Ausführungen, zunächst für einen geschlossenen Zuhörerkreis bestimmt, haben bei diesem und über ihn hinaus unerwarteten Beifall gefunden. Der dadurch veranlaßte Entschluß, dem Vortrage öffentliche Verbreitung zu geben, entspringt nicht der Meinung, Neues über Dinge zu sagen, die unser Aller Denken dauernd beschäftigen. Wohl hoffe ich aber, daß auch diese, in knappste Form gedrängte Übersicht der grundlegenden Gesichtspunkte, die unser Verhältnis zu England regeln, dazu beitragen werde, den unverbrüchlichen Glauben an die Kraft und Zukunft des Vaterlandes zu stärken.

Köln, im Dezember 1916

Georg Solmssen.

Hochverehrte Herren!

Ich habe mir für den heutigen Abend die Behandlung eines weiteren Gebietes als des von unserem Herrn Vorsitzenden soeben gestreiften Themas der englischen Finanzen als Aufgabe gesetzt, weil ich der Auffassung bin, daß ein Vergleich der Finanzlage Englands und Deutschlands sich nur im Zusammenhange mit der Betrachtung des Gesamtverhältnisses beider Staaten zueinander ziehen läßt. Der Vortrag würde seinem Zweck, zum Verständnis dieses Verhältnisses beizutragen und aus seiner Betrachtung einen Ausblick in die Zukunft zu gewinnen, nicht genügen können, wenn er sich auf die Behandlung der finanziellen Angelegenheiten beschränkte, im übrigen aber an der Fülle der Fragen vorbeiginge, die sich aufdrängen, sobald man sich über die Grundlagen unseres Verhältnisses zu England Rechenschaft zu geben sucht. Stellen doch die Finanzen nur einen Teil des großen Rüstzeugs dar, das dem Kampfe dient, der gegenwärtig zwischen den Weltmächten ausgefochten wird, und so bitte ich mir zu gestatten, das Thema weiter zu greifen und zu versuchen, ein Bild der Zusammenhänge des großen Ringens zwischen Deutschland und England zu geben, wie sie sich dem praktischen Volkswirtschaftler darstellen, der den politischen Gesichtspunkten gerecht werden will.

Selbstverständlich ist es unmöglich, dieses Gebiet im Rahmen der heute Abend zur Verfügung stehenden Zeit auch nur annähernd zu erschöpfen. Ich bitte daher in voraus um Nachsicht, wenn ich sprungweise vorgehe, nur einige wichtige Gesichtspunkte zusammenfasse und nur das Wesentlichste heraushebe, um auf diesem Wege zu einem Gesamtbilde zu gelangen. Hoffentlich glückt es mir, Sie durch die gemeinsam anzustellenden Betrachtungen, die uns zum Angelpunkte der Weltkatastrophe führen werden, mit der gleichen Zuversicht zu erfüllen, wie sie alle beseelt, denen es vergönnt ist, auf der Kommandobrücke deutscher Großbetriebe zu stehen und die an dieser Stelle aus den ihnen entgegentretenden, vielfältigen Erscheinungen unseres Wirtschaftslebens täglich von neuem die Gewißheit schöpfen, daß unsere Kräfte denen der Gesamtheit unserer Feinde, vornehmlich denen Englands gewachsen und damit der gegen uns kämpfenden Koalition überlegen sind.

Für die größere Masse der Deutschen stellte bis zum Kriegsausbruch England trotz der allmählich eingetretenen Verschärfung des wirtschaftlichen und politischen Wettkampfes das uns nach Wesensart verwandteste Land dar, zu dem wir uns bei aller Verschiedenheit am meisten hingezogen fühlten. Die Gründe für diese Erscheinung waren mannigfache. Den Politiker sprachen die scheinbar liberalen Seiten der parlamentarischen Selbstregierung an, der Kaufmann fand in dem Engländer den angenehmsten Vertragsgegner, dem Juristen sagte der gesunde Menschenverstand in der Ausübung der Rechtspflege zu, uns allen imponierte die Weitzügigkeit der politischen Ziele, die Kunst, schwierige Dinge einfach, mit dem denkbar geringsten Kraft- und Zeitaufwand und so zu behandeln, daß stets noch für die Annehmlichkeiten des Daseins Muße blieb, und so ist wohl jeder, der England und Engländern nähergetreten ist, bis zu einem gewissen Grade dem Zauber unterlegen, den die gesättigte Behaglichkeit englischen Lebens ausströmt.

Gerade das Bestechende der äußeren Kultur Englands ist aber auch die Ursache gewesen, daß so vielen Deutschen der Blick für die Mängel dieser Kultur getrübt war, daß vieles Englische weit überschätzt wurde, ja sogar aus dieser Überschätzung heraus ein Inferioritätsgefühl entstand, das dazu führte, manchen Deutschen, der nach anglosaxonen Ländern auswanderte, in kurzer Zeit den Gleichtakt des dortigen Lebens annehmen und dahin gelangen zu lassen, ängstlich bemüht zu sein, die Nachahmung englischer Art zur möglichsten Vollkommenheit zu bringen.

Der Gegensatz zwischen englischem und deutschem Wesen ist früher wohl mit zwei Schlagworten dahin bezeichnet worden, daß der Engländer Charakter, der Deutsche Wissen verkörpere. Ein interessantes Zeugnis dafür, wie diese Scheidung uns von altersher im Blute lag, ist mir bei der Vorbereitung auf den heutigen Abend in den Gesprächen Eckermanns mit Goethe in die Hand gefallen.

Eckermann berichtet, daß, als eines Tages die Rede auf den Unterschied zwischen Deutschen und Engländern gekommen sei, Goethe sich folgendermaßen geäußert habe:

„Es ist ein eigenes Ding, liegt es in der Abstammung, liegt es im Boden, liegt es in der freien Verfassung, liegt es in der gesunden Erziehung; genug, die Engländer scheinen vor vielen anderen etwas voraus zu haben. Wir sehen hier in Weimar ja nur ein Minimum von ihnen, und wahrscheinlich keineswegs die besten; aber was sind das alles für tüchtige, hübsche Leute, und so jung und 17 jährig sie hier auch ankommen, so fühlen sie sich doch in dieser deutschen Fremde keineswegs fremd und verlegen, vielmehr ist ihr Auftreten und ihr Benehmen in der Gesellschaft so voller Zuversicht und so bequem, als wären sie überall die Herren und als gehöre die Welt überall ihnen."

Als Eckermann einschaltete, es gebe doch auch in Weimar tüchtige und nette Leute, sagte Goethe:

„In solchen Dingen liegt es nicht, es liegt auch nicht in der Geburt und in dem Reichtum, sondern es liegt darin, daß sie eben die Courage haben, das zu sein, wozu die Natur sie gemacht hat. Es ist an ihnen nichts verbildet und verbogen, es sind an ihnen keine Halbheiten und Schiefheiten, sondern, wie sie auch sind, es sind immer durchaus komplette Menschen, auch komplette Narren mitunter, das gebe ich von Herzen zu. Allein, es ist doch was, und hat doch auf der Wage der Natur immer einiges Gewicht."

„Das Glück der persönlichen Freiheit, das Bewußtsein des englischen Namens und welche Bedeutung ihm bei anderen Nationen beiwohnt, kommt schon den Kindern zugute, so daß sie sowohl in der Familie, als in den Unterrichtsanstalten mit weit größerer Achtung behandelt werden und eine weit glücklichere, freiere Entwicklung genießen als wir Deutsche."

„Ich brauche nur in unserem lieben Weimar zum Fenster hinaus zu sehen, um gewahr zu werden, wie es bei uns steht. Bei uns darf kein Bube mit der Peitsche knallen oder singen oder rufen, sogleich ist die Polizei da, es ihm zu verbieten. Es ist bei uns alles darauf gerichtet, die liebe Jugend frühzeitig zahm zu machen und alle Natur, alle Originalität und alle Wildheit auszutreiben, so daß am Ende nichts übrig bleibt, als der Philister."

Und dann gibt Goethe eine Schilderung Jungdeutschlands, wie sie glücklicherweise nicht mehr zutrifft. Er sagt:

„Es vergeht bei mir kaum ein Tag, wo ich nicht von durchreisenden Fremden besucht werde. Wenn ich aber sagen sollte, daß ich an den persönlichen Erscheinungen, besonders junger deutscher Gelehrten große Freude hätte, so müßte ich lügen. Kurzsichtig, blaß, mit eingefallener Brust, jung ohne Jugend, das ist das Bild der meisten, wie sie sich bei mir darstellen, und wenn ich mich mit ihnen in ein Gespräch einlasse, habe ich sogleich zu bemerken, daß ihnen dasjenige, woran unsereiner Freude hat, nichtig und trivial erscheint, daß sie ganz in der Idee stecken und nur die höchsten Probleme der Spekulation sie zu interessieren geeignet sind."

„Von gesunden Sinnen und Freude am Sinnlichen ist bei ihnen keine Spur; alles Jugendgefühl und alle Jugendlust ist bei ihnen ausgetrieben, und zwar unwiederbringlich; denn wenn einer in seinem zwanzigsten Jahre nicht jung ist, wie soll er es in seinem vierzigsten sein."

„Könnte man nur den Deutschen nach dem Vorbilde der Engländer weniger Philosophie und mehr Tatkraft, weniger

Theorie und mehr Praxis beibringen, so würde uns schon ein gutes Stück Erlösung zuteil werden."

Es ist auch heute noch ganz interessant, sich dieses Bild vor Augen zu führen, auch wenn dasselbe seit langer Zeit der Wirklichkeit nicht mehr entspricht. Die Goethesche Schilderung enthält wertvolles Material zur Erfassung der Gründe dafür, daß ein gewisses Unterordnungsgefühl auf unserer Seite bestand und daß der deutsche Michel zu dem englischen Vetter bis in nicht zu ferne Vergangenheit vielfach in der Art des ärmeren Verwandten aufsah, dem die Sicherheit und Unbekümmertheit des anderen gewaltig imponierte und der vergaß, sich zu fragen, ob dessen Anmaßung ihm gegenüber überhaupt berechtigt sei. Wir ließen uns — auch politisch — von England vieles gefallen, was wir keinem anderen durchgelassen haben würden.

Wie lagen die Dinge nun aber in Wirklichkeit? Die Zeiten hatten sich seit Goethe völlig geändert und das Bild des Gegensatzes zwischen Engländertum und Deutschtum hatte sich im Wandel der Entwicklung erheblich verschoben. Nicht nur entsprach unsere Jugend schon lange nicht mehr dem Bilde, wie Goethe es gesehen hatte, auch unsere inneren Zustände waren gänzlich andere geworden. Wer englischem Wesen kritisch näher trat, der konnte nicht anders, als bei ihm, im Vergleich zu deutscher Art, Anzeichen einer Fossilität zu bemerken, die im deutlichen Gegensatz zu dem Keimen und Sprossen stand, das auf allen Gebieten der deutschen Welt sichtbar zutage trat. Was England seine Gewalt über die Völker der Erde gegeben hatte, das war die Einheitlichkeit des Wesens der Nation, die jeden Engländer, wo er auch immer erscheint, als Abbild der Artgenossen aufreten läßt, von denen jeder dieselben Wünsche und dieselben Forderungen an das Leben stellt. Diese Einheitlichkeit des ganzen Volkes in allen wichtigen Lebensäußerungen machte den Engländer zu einem Kolonisator, wie ihn die Welt noch nicht gesehen hatte. Die Einheitlichkeit bewährte sich als mächtige Kraft gegenüber allen primitiveren Kulturen, denen sie gegenübertrat, und formte aus diesen mit überlegener Kunst ein Material, das nach kurzer Übergangszeit in die Linie der Pfeiler eingereiht werden konnte, auf denen die englische Weltherrschaft ruht. Mit welcher Wucht sich die Anglisierung solcher primitiveren Kulturen vollzog, dafür können noch aus jüngster Zeit die Buren zeugen, die innerhalb knapp anderthalb Jahrzehnten aus den erbittertsten Feinden Englands zu dessen ergebensten Dienern geworden sind.

Die Einheitlichkeit erwies sich aber als Schwäche, sobald sie auf eine gleich starke Kultur stieß. Als Vormacht einer solchen trat Deutschland dem Anglosaxonentum entgegen, und dieser Gegensatz beherrscht jetzt die Welt. Das Deutschtum hat sich mit als Folge seiner früheren politischen Zerrissenheit gerade diejenige Eigenschaft bewahrt, die in der Vergangenheit ein Grund dafür gewesen ist, daß es die Ungunst seiner geographischen Lage nicht durch Zusammenfassen aller Kräfte auszugleichen vermocht hatte. Der Partikularismus des Deutschen, der ihm seit Tacitus' Zeiten im Blute geblieben ist, hat sich als seine stärkste Kraft von dem Augenblick an erwiesen, als Bismarcks schöpferisches Genie die bis dahin individualistisch zersplitterten Kräfte, unter Wahrung ihrer Eigenheit, zu einem großen Ganzen zusammengefaßt hatte. Was in der Vergangenheit Deutschlands Unglück gewesen war, das wurde ihm jetzt zum Segen. Gerade unser Individualismus hat uns den Weg in die Welt gebahnt; er hat uns die Stellung errungen, die uns allen Unifizierungsmethoden überlegen macht. Der partikularistische Aufbau unserer Staatsform hat ermöglicht, auf der Grundlage des Reiches eine Entwicklung nie gesehener Art anzubahnen, an der alle Teile der Völkergemeinschaft vorwärtsstrebend Anteil hatten. In keinem Staate sprudeln die Bildungsquellen so vielfältig, wie in Deutschland; nirgends wird so eifersüchtig darüber gewacht, daß ihre Dezentralisation erhalten bleibe und jeder Teil des Reichs in seiner Art die ihm zugefallene Rolle als Bildungsförderer ausfülle. Verglichen mit der Unifizierung, wie sie andere Länder, besonders England, beherrscht, hat sich in Deutschland eine Vielgestaltigkeit und Reichhaltigkeit des kulturellen Lebens entwickelt, die einzig auf dem Erdenrund dasteht. So ist es gekommen, daß dort, wo englische und deutsche Kultur in friedlichem Wettbewerb aufeinander prallten, wir die Sieger blieben.

Wir werden später sehen, wie der Gegensatz zwischen der unifizierenden Art englischen Wesens und der individualisierenden Art deutscher Kultur auch auf dem politischen Gebiet als Leitfaden zum Verständnis des Riesenkampfes dienen kann, der heute den Planeten umschlingt.

Als der Krieg zwischen England und uns am 4. August 1914 ausbrach, da waren viele in Deutschland überrascht, erschrocken und enttäuscht, weil sie sich durch die äußere Glätte englischer Kultur über den tiefen Gegensatz hatten hinwegtäuschen lassen, der sich zwischen England und uns bereits seit Jahrzehnten aufgetan hatte. Kosmopolitisch wie wir sind, hatten wir vergessen, daß England politisch stets der größte Egoist gewesen ist. Rein real denkend, haben seine Staatsmänner niemals irgendwelchen Sentimentalitäten nachgehangen, sondern sind, rücksichtslos und klar, den Weg gegangen, der dem Staate nützlich war. Sie handelten hierbei so wie sie Goethe in den oben zitierten Gesprächen bezeichnet hat, als „komplette" Naturen.

Und wir — wir mußten erst die politische Sentimentalität verlernen und, indem wir das zugaben, bekennen, daß uns die naive Selbstverständlichkeit der englischen Politik, die nur an das eigene Interesse denkt und sich niemals fremder Leute Köpfe zerbricht, eigentlich fremd geblieben war. Daher das wilde Beschimpfen Englands auf unserer Seite, das sich bei Ausbruch des Krieges breit machte. Diese Haß- und Wutausbrüche wurden jenseits des Kanals gar nicht verstanden und als etwas höchst Merkwürdiges registriert. Sie bewiesen, daß wir in fälschlicher Übertragung der das Verhältnis der Individuen regelnden Sittengesetze auf die sich nicht nach privatrechtlichen Normen, sondern nach der brutalen Logik von Naturgesetzen abwickelnden Beziehungen der Völker zueinander politische Maßnahmen als Ergebnis bewußter Schlechtigkeit ansahen, während der Engländer sie nicht als schlecht, sondern nur als notwendig empfindet.

Lassen Sie uns nunmehr einen kurzen Blick auf die Entwicklung des politischen Verhältnisses beider Staaten zueinander werfen.

Die politischen Beziehungen des modernen Englands zu Deutschland während der beiden letzten Jahrhunderte sind treffend von Bismarck in einem von ihm geschriebenen Artikel der Hamburger Nachrichten vom 28. Januar 1896 in wenigen markanten Strichen wie folgt charakterisiert worden:

„Sind wir England nach irgend einer Richtung Dank schuldig für eine freiwillige, sympathische Unterstützung der deutschen Politik? Wir wollen von den Kriegen zu Anfang des vorigen Jahrhunderts und von dem Siebenjährigen Kriege gar nicht sprechen, wo der französische Ausdruck perfides Albion von seiten Deutschlands angezeigter gewesen wäre, als je auf französischer Seite; aber von der Zeit des Wiener Kongresses ab, in den deutschen nationalen Fragen, in den schleswig-holsteinischen, in unseren polnischen Schwierigkeiten, im französischen Kriege von 1870/71, in unseren kolonialen Verhältnissen — haben wir da jemals einen Moment erlebt, wo die deutsche Politik die Empfindung gehabt hätte, daß England mit uns sympathisiere? Und haben wir jemals von der englischen Diplomatie erlebt, daß sie ein deutsches Interesse gefördert hätte? Nach den Freiheitskriegen hat man dem alten Blücher in England die Hände zerdrückt in Erinnerung an den Beistand, der zur Niederwerfung des gefährlichsten Feindes der Engländer geführt hatte; aber gleichzeitig, auf dem Wiener Kongresse, war England der Hauptgegner der deutschen nationalen und der preußischen dynastischen Interessen, und wenn 1815 Napoleon nicht von Elba zurückgekommen wäre, so hätten wir es wahrscheinlich erlebt, daß das Wiener Bündnis zwischen England und den früheren gemeinschaftlichen Gegnern Frankreich und Österreich sich in blutige Kämpfe gegen die bisherigen Bundesgenossen, gegen Preußen und Rußland, umgesetzt hätte.

„Der einzelne Engländer ist für uns sympathisch, die englische Politik ist niemals wohlwollend für uns gewesen, und die englische

Presse hat Deutschland früher ebenso mit Geringschätzung behandelt, wie sie uns heute feindliche Eifersucht zeigt; ersteres geschah aus Hochmut, letzteres aus Angst vor dem made in Germany."

Ein schlechteres Zeugnis hätte der englischen Politik, wie sie sich, vom deutschen Standpunkte aus gesehen, darstellt, kaum erteilt werden können. England hat, als das Deutsche Reich entstand, nur geduldet, was es nicht hindern konnte. Ein starkes Deutschland zwischen Ost- und Nordsee war ihm keineswegs sympathisch. Bismarck ist sich dessen stets bewußt geblieben; er hat auf englische Gunst nie gezählt und stets seine warnende Stimme erhoben, wenn sich bei uns die Hinneigung zu England politisch allzu breit machte.

Als Deutschland nach der Auseinandersetzung mit Österreich und Frankreich zum selbständigen Reiche erstarkt war, ließ uns England gewähren, weil es, getreu seiner alten Politik, das Gleichgewicht auf dem Kontinent durch Ausspielen der verschiedenen Kontinentalmächte gegeneinander zu seinen Gunsten zu wahren, in Deutschland einen willkommenen Gegner Rußlands sah, um diesen Bedroher seiner asiatischen Macht in Schranken zu halten. Wir wurden in dieser Stellung durch Japan abgelöst. Während wir Japan eine Absage gaben, als wir uns gegen die gelbe Gefahr stemmten, war England der Staat, der Japan rief und es benutzte, um Rußland niederzuwerfen. Hier sehen Sie ein deutliches Zeichen dafür, daß England längst keine europäische Politik mehr treibt, sondern nur noch Weltpolitik. Was uns als Verbrechen an der europäischen Rasse erscheint, Japan als Helfer in den Händeln von Europäern mit Europäern zu benutzen, das stellt sich, mit englischen Augen gesehen, als etwas durchaus selbstverständliches dar, und zwar deshalb, weil es dem eigenen politischen Interesse nützlich ist.

Mit der Niederwerfung Rußlands durch Japan entschwand für England die Notwendigkeit, sich einen europäischen Degen gegen Rußland zu sichern, da diese Rolle nunmehr von dem neuen, über alles Erwarten erfolgreichen ostasiatischen Freunde übernommen werden konnte. Diese Verschiebung war für England von um so größerer Bedeutung, als das inzwischen einsetzende Erstarken der deutschen Wirtschaftsmacht immer drängender zu der Fragestellung zwang, ob es vom englischen Standpunkte aus zu verantworten sei, länger zuzusehen, daß ihm auf fast allen Gebieten des Welthandels ein Rivale entstand, dessen Kraft sich in mächtigen Sätzen hob und die eigene zu überflügeln drohte. Wie stark diese weltwirtschaftliche Rivalität gerade in den Jahren anschwoll, die dem Ausbruche des Weltkrieges vorangingen, erhellt ohne weiteres, wenn man die Entwicklung der wesentlichen Daten des Wirtschaftslebens beider Staaten betrachtet, auch wenn man dabei nicht außer acht läßt, daß England selbst während der in Frage kommenden Periode immer noch recht erheblich vorangekommen ist.

Um den Vortrag nicht zu sehr mit Zahlen belasten zu müssen, habe ich mir erlaubt, zwei Tabellen zusammenzustellen, deren Abdruck sich in Ihren Händen befindet. Ich bitte Sie, zunächst Tabelle I zu betrachten. Den meisten von Ihnen werden die dort wiedergegebenen Zahlen bekannt sein. Wir können sie daher im Fluge an uns vorübergleiten lassen. Es ist aber gut, sich diese Ziffern immer wieder vor Augen zu führen; denn sie reden eine eherne Sprache.*)

Wir haben an Landfläche weniger als ein Zehntel des englischen Besitzes und eine Bevölkerung, die nur den sechsten Teil der England zur Verfügung stehenden beträgt, und haben, obgleich England auf eine Entwicklungszeit von Jahrhunderten zurückblickte, die Entwicklung für Deutschland aber erst mit dem Jahre 1871 begann, es trotz alledem fertig gebracht, bis zur Zeit des Ausbruchs des Weltkrieges ein Volksvermögen zu schaffen, das dem Englands mindestens gleichkam, vielleicht überlegen war. Soweit eine Schätzung von Volksvermögen überhaupt möglich ist, gelangen die verschiedenen Untersuchungen zu einer ungefähr gleichen Bezifferung der Vermögen beider Völker mit je 330 Milliarden Mark.

Auch die Staatsschulden beider Länder waren, verglichen mit der Einwohnerzahl, nicht wesentlich verschieden. Wesentlich verschieden war aber das Tempo des wirtschaftlichen Vorwärtsstrebens beider Nationen, und zwar auf allen Gebieten, die für den Weltverkehr von maßgebender Bedeutung sind. Die Produktionsstatistiken sind leider noch sehr lückenhaft, aber die wenigen Ziffern, die auf Tabelle I zusammengestellt sind, zeigen doch, in wie gewaltigen Sprüngen Deutschland, verglichen mit England, voran gekommen ist, und daß Deutschland, wenn dieses Tempo beibehalten wurde, auf dem besten Wege war, England an manchen Stellen zu überflügeln.

Die Stein- und Braunkohlenproduktion sind in den Jahren 1885 bis 1913 in runden Zahlen

in England	von 162 Mill. t
	auf 292 Mill. t,
in Deutschland	von 74 Mill. t
	auf 278 Mill. t

gestiegen. Das bedeutet eine Zunahme in England um 80,3 %, in Deutschland um 278,5 %.

Die Koksproduktion ist in der Zeit von 1905 bis 1911 bezw. 1912

in England	von 17,7 Mill. t
	auf 19,2 Mill. t,
in Deutschland	von 16,4 Mill. t
	auf 29,1 Mill. t

*) Tabelle I auf Seite 34 ff. abgedruckt.

gestiegen. Das ist eine Zunahme von 8,6 % in England und 76,7 % in Deutschland.

Die Roheisenproduktion ist in der Zeit von 1885 bis 1911 bezw. 1913

in England von 7,5 Mill. t
auf 10,6 Mill. t
in Deutschland von 3,6 Mill. t
auf 19,3 Mill. t

gestiegen, das ist eine Steigerung von 41,3 % in England gegen eine solche von 423,5 % in Deutschland.

Die Stahlproduktion ist in der Zeit von 1900 bis 1911 bezw. 1912 in England von 5 Mill. t
auf 6,5 Mill. t,
dagegen in Deutschland von 6,6 Mill. t
auf 17,3 Mill. t

gestiegen, d. h. sie hat sich erhöht in England um 27,9 % und in Deutschland um 160,3 %.

Wohl nichts zeigt deutlicher, als die Zusammenstellung dieser wenigen prägnanten Ziffern, welchen gewaltigen Aufschwung die deutsche Industrie genommen hat, und dementsprechend ist auch gestiegen der Anteil Deutschlands in Kohlenförderung und Eisengewinnung und Kupferverbrauch an der Weltproduktion. Also, nicht nur im Verhältnis zu England sind wir voran gekommen, vielmehr auch im Verhältnis zur Welt.

Solche gewaltige Kraftäußerungen drängten über die Grenzen und über See. In den Jahren 1872 bis 1913 nahm die Einfuhr Englands um 8,4, die Deutschlands um 7,3, die Ausfuhr Englands um 5,4, die Deutschlands dagegen um 7,3 Milliarden Mark zu. Wahrscheinlich waren die reinen Import- und Exportziffern zugunsten Deutschlands noch erheblich größer; denn der Durchfuhrhandel Englands ist viel größer als der unsrige.

Entsprechend hob sich die Tonnage der deutschen Handelsflotte. Sie erhöhte sich in der Zeit von 1870 bis 1913 um 338 %, gegenüber einer gleichzeitigen Steigerung der englischen Tonnage von 195 %. Während die englische Tonnage im Jahre 1870 noch 5,8 mal so groß war, wie die deutsche, betrug dieses Mehrfache im Jahre 1913 nur 3,3 mal so viel. Ein Blick auf die Tabelle des Tonnagegehalts der Handelsflotten der Erde zeigt Ihnen aber auch, daß das Erstarken Deutschlands mit allen anderen Ländern den Vergleich auf diesem Gebiete aushalten kann, selbst verglichen mit den Vereinigten Staaten, die ihre Handelsflotte, ebenso wie Deutschland, in der angegebenen Frist etwas mehr als verdreifacht hatten. Während Deutschland im Jahre 1870 nur ein 12,5tel Anteil an der Gesamttonnage vertrat, war im Jahre 1913, bei einer inzwischen erfolgten Verdoppelung der Gesamttonnage, sein Anteil auf ein 7,3tel gestiegen. Im Verkehr durch den Suezkanal nimmt Deutschland von allen Staaten der Erde sogar die zweite Stelle hinter Großbritannien ein, obgleich es gegenüber England und Holland bei der Erreichung dieser Ziffer darin im Nachteil ist, daß beide Staaten einen erheblich größeren Durchgangsverkehr als Deutschland haben. Die Statistik des Suezkanal-Verkehrs zeigt aber auch das Zurückgehen des englischen und das Steigen des deutschen Anteils. In den Jahren von 1882—1913 ist der Anteil am Kanalverkehr bei England gefallen von 81,3 auf 53 % und bei Deutschland gestiegen von 2,5 auf 17 %.

Die sich aus den eben geschilderten Ziffern ergebende Befürchtung, von Deutschland auf vielen Gebieten überflügelt zu werden, wurde in England um so schwerer empfunden, weil sie zeitlich mit dem Eintreten des Höhepunktes einer auf Verwirklichung des Weltherrschaftsgedankens hinstrebenden politischen Entwicklung zusammenfiel. Ich kann die Etappen auch dieser Entwicklung nur andeutungsweise kennzeichnen.

Die Idee des britischen Imperiums hat ihren Ausgangspunkt in dem Streben, Mutterland und Kolonien weltwirtschaftlich so aneinander zu ketten, daß sie in Erzeugung und Verbrauch einander Genüge leisten. Aus diesem Streben erwuchs der Gedanke der politischen Zusammenschweißung, als dessen hervorstechendster Bannerträger Joseph Chamberlain auftrat. Es würde zu weit führen, alle Phasen zu schildern, welche dieses Programm durchlaufen hat. Seine Aufnahme hat umwälzend auf die innere Politik des Reiches gewirkt und ferne Weiten für deren Entwicklung eröffnet. Mochten aber die Meinungen darüber, wie das Gehäuse des Imperiums zu zimmern sei, noch so sehr widereinander laufen, stets pochte während aller darüber tobenden inneren Kämpfe der glühende Wunsch an das Tor der Geschichte, die Weltherrschaft auszubauen, und so taucht als Zukunftsgebilde der englischen Entwicklung das Weltreich auf föderalistischer Grundlage am Horizonte auf.

Mögen die Umrisse dieses Gebildes noch so verschwommen sein, die auswärtige Politik Englands hat jedenfalls im letzten Drittel des vorigen Jahrhunderts tatkräftig begonnen, dem Gedanken des empire Gestalt zu geben. Die Bewegung, die darauf gerichtet war, die vielen Stationen anglosaxoner Kultur, die über den Erdball zerstreut sind, zusammenzufassen, hat mit Anfang der achtziger Jahre des vorigen Jahrhunderts eine vorwärtsstürmende Bewegung angenommen. Der Sudan wurde erobert, die Stellung in Aegypten durch Vertreibung Frankreichs aus Faschoda befestigt, der Transvaalstaat umklammert und die Kap-Kairo-Bahn von Cecil Rhodes schöpferischem Genius geboren. Die greifbaren Erfolge dieser Politik treten in der Zertrümmerung der Burenstaaten und der Konsolidierung von Britisch-Südafrika zutage. Aber damit nicht genug, wurden die Fangarme auch nach Osten ausgestreckt und die Ausbreitung des Reiches nach Arabien, Mesopotamien und Persien eingeleitet. So entrollt sich ein Bild gewaltigen Vorwärtsdrängens, diktiert von dem Glauben an die unifizierende Weltmission, die bewohnte Erde in englische Formen zu pressen. So schwer und hart die Kämpfe waren, welche die führenden Männer des englischen Staates über die Wege dieser Politik untereinander ausfochten, sie alle waren einig in dem Willen, der Welt den englischen Stempel aufzudrücken. Lord Rosebery hat im Jahre 1893 diesem Gedanken offen mit den Worten Ausdruck gegeben: „Es ist das Ziel der englischen Politik, die Welt, soweit wie irgend möglich, mit Engländern zu bevölkern und die Verantwortung zu erfüllen, die diese Mission für England in sich schließt."

Wir stehen hier einer elementaren Äußerung des Nationalwillens gegenüber und dürfen nicht glauben, daß diese Entwicklung das Werk einzelner Männer sei. Treffend hat Grey gesagt: „Ich bin nur eine Fliege auf dem Rade des Staates." Dieses Rad dreht sich in seinem unifiziernden Laufe unaufhaltsam, gleichviel wer es führt, genau so unaufhaltsam, wie unsere eigene Entwicklung uns in der individualistischen Richtung vorwärts treibt.

Bei dieser Konstellation, der sich beide Staaten gegenüberstanden, mußten sich die zwischen ihnen vorhandenen wirtschaftlichen Reibungsflächen notwendiger Weise von dem wirtschaftlichen Gebiete auf das politische Gebiet übertragen. Zwar sagte König Eduard im August 1906 einem deutschen Staatsmanne: „There are no frictions between us, there exists only rivalry." Das war falsch! Wir waren nicht nur Rivalen Englands, sondern wir hatten Reibungsflächen mit ihm so viel wir uns nur wünschen konnten. Und wenn man näher zusieht, findet man daher auch, daß jeder Schritt Deutschlands zur Ausbreitung seiner Überseemacht durch einen Gegenzug Englands beantwortet wurde. Auf den Erwerb von Lüderitzbucht in Südwestafrika folgte die Besetzung der Walfischbai, durch die der Zugang Südwestafrikas zum Meere erheblich erschwert wurde. Die Besetzung von Kamerun beantwortete England mit der Besetzung der Mündung des Niger, die den Ausschluß von einer für Kamerun wichtigen Binnenschiffahrtsstraße bedeutete. Dem Aufbau der Kolonie Deutschostafrika folgte der Aufbau von Britisch-Ostafrika und dessen Entwicklung durch den Bau der Ugandabahn. Die deutsche Besitzergreifung von der Nordküste von Neu-Guinea und den Bismarckinseln wurde mit der Ausbreitung der britischen Schutzherrschaft über den Südostteil Neu-Guineas beantwortet. Die Flaggenhissung in Kiautschou zog die Besitznahme von Weihaiwei nach sich. So folgte auf jeden

Schritt unseres politischen Vorwärtsgehens ein Gegenzug, bestimmt, uns lahm zu legen. Überall trat die gegen Deutschland gerichtete Spitze zu Tage. Die Wirkungen dieser Methode waren ungemein erfolgreich. Der Ausbau des Systems der Besetzung der Zwischenpunkte und der großen Verkehrswege des Handels bewährte sich zusehends, und so läßt sich als Ergebnis dieser weitsichtigen Ausdehnungspolitik die Beherrschung aller großen Umfahrtsstraßen um die Hauptländer der Erde und der großen Durchfahrtsstraßen zwischen den Kontinenten feststellen. Damit war die Grundlage für die Weltherrschaft gelegt, ruhend auf weit vorgeschobenen, untereinander gesicherten Stützpunkten britischer Herrschaft und britischen Handels in der ganzen Welt. Zusammengehalten wurde dieses Gefüge durch eine übermächtige Kriegsflotte, die mit mehr als 2 000 000 Tonnengehalt jedem Bündnis gewachsen war.

In welcher Lage befand sich Deutschland dieser Entwicklung gegenüber? Wir hatten eine stetig steigende Bevölkerung zu ernähren mit einem Zuwachs von jährlich 800 000 Köpfen und empfanden den methodisch auf uns ausgeübten Druck auf allen Seiten. Wir merkten, wie uns die Lebensluft beengt werden sollte, und wollten doch nichts, als unser Dasein wahren. Zum Schutze unseres stark aufsteigenden Außenhandels und zur Sicherung unserer Küsten mußte daher eine deutsche Flotte entstehen, als deren Aufgabe Großadmiral Köster noch vor kurzem bezeichnet hat, das eigene Land vor dem Einfall zu schützen und die Hochseestraßen offen zu halten zum Schutze des eigenen Handels. Der Grundgedanke des deutschen Flottenbaues war das sogenannte Risikoprinzip. Die Tatsache ihres Vorhandenseins sollte genügen, die Wahrung unserer Rechte zu schützen.

Jeglicher aggressive Gedanke lag uns fern. Wir wollten vorankommen und hieran nicht gehindert werden; nicht aber schwebte uns vor, irgend jemanden zu hindern, neben uns voranzukommen. Anders in England! Immer mehr gewann dort die Idee Boden, daß, wie in früheren Jahrhunderten wirtschaftliche Rivalen durch brutale Gewalt aus dem Wege geräumt worden waren, dieses Verfahren auch Deutschland gegenüber einzuschlagen sei. Am 11. September 1897 schrieb die Saturday Review: „England mit seiner langen Geschichte erfolgreicher Offensiven, mit seinem wunderbaren Glauben, mit dem es in Verfolg seiner eigenen Interessen zugleich Licht unter den im Dunkel lebenden Völkern verbreitet, und Deutschland, Blut von demselben Blut, Bein von demselben Bein, mit geringerer Willenskraft, aber vielleicht schärferer Intelligenz ausgestattet, treten in jedem Winkel des Erdballs in Wettbewerb. In Transvaal, am Kap, in Zentralafrika, in Indien und im Orient, auf den Inseln der Südsee und im fernen Nordwesten, wo nur — und wo täte sie es nicht — die Flagge der Bibel und der

Handel der Flagge folgte, da steht der deutsche Geschäftsreisende mit dem englischen Handelsmann im Kampfe. Gibt es dort ein Bergwerk zu errichten, eine Eisenbahn zu bauen, den Eingeborenen von der Brotfrucht zum Büchsenfleisch, von der Temperenz zum Branntwein zu bekehren, so kämpfen Deutsche und Engländer um den ersten Platz. Eine Million kleiner Streitigkeiten erzeugt die größte Kriegsursache, die die Welt je gesehen hat. Wenn Deutschland morgen von der Erde vertilgt wäre, so gäbe es übermorgen keinen Engländer auf der Welt, der nicht reicher wäre. Völker haben jahrelang um eine Stadt gekämpft, weshalb sollten wir nicht um einen jährlichen Handel von 200 Millionen £ Krieg führen!"

Was hier in brutaler Offenheit ausgesprochen wurde, hat sich im Verlaufe des Weltkrieges als Rückgrat und Zielpunkt der englischen Staatskunst erwiesen. Krieg um des Handels willen, Krieg nach der alten, Spanien, Holland und Dänemark gegenüber geübten und bewährten Methode, den wirtschaftlichen Gegner zu vernichten, so lange er noch vernichtungsfähig war. Es ist nicht englische Art, sich solchem Gegner gegenüber an die eigene Brust zu schlagen und sich zu fragen: was muß ich tun, um ihm gleich oder besser zu werden als er? Nein — England kennt in solchem Falle nur das Gebot: töte ihn, dann bist du seiner ledig!

In solcher Weise hatte sich die Lage zugespitzt, als England im Jahre 1914 die Gelegenheit gekommen sah, um zuzustoßen. Denn wie lagen die Dinge von England aus gesehen? Die Weltmachtspläne, die ich vorhin geschildert habe, ließen sich nur verwirklichen, wenn die Verbindung zwischen Mutterland und Kolonien, oder besser gesagt, zwischen den einzelnen Gliedern der sich herausbildenden englischen föderalistischen Einheit durch eine unbestrittene Herrschaft zur See gesichert blieb. Darin, daß die eingebildete Möglichkeit entstand, daß Deutschland bei Fortsetzung des Flottenbauprogramms einmal hiergegen Front machen würde, lag der in Englands Augen unverzeihliche Verstoß gegen die Unantastbarkeit der englischen Alleinherrschaft zur See. „Britannia rules the waves" sollte der Sang bis an der Zeiten Ende bleiben.

So stießen englische und deutsche Interessen unausbiegbar aufeinander. Kein deutscher Staatsmann konnte sich der Erkenntnis verschließen, daß angesichts der sich in unseren wirtschaftlichen Erfolgen so gewaltig äußernden Lebenskraft unseres Volkes, die uns zu dem größten wirtschaftlichen Konkurrenten Englands gemacht hat, England auf die kriegerische Auseinandersetzung mit uns hindrängte. Wie einst der englische Admiral Monk rief: „Was kommt es auf den oder jenen Grund an; was wir wollen, ist mehr von dem Handel zu bekommen, der in holländischen Händen ist!" so heißt es analog in der von der United Service Institution im

Jahre 1909 veröffentlichten, preisgekrönten Arbeit eines englischen Seeoffiziers bei Besprechung der Gründe, aus denen England Krieg geführt habe: „Wir geben zwar alle möglichen Kriegsgründe an, unser Urgrund dafür ist aber stets der Handel.“

Demgegenüber konnten wir nicht anders, als unsere Flotte durch ihren Ausbau zu einem der Größe unserer Übersee-Interessen entsprechend starken Instrument heranzubilden; wir konnten nicht anders, als den Haldaneschen Vorschlag zurückzuweisen, der uns zur dauernden Inferiorität verurteilt und der Gnade der Entente ausgeliefert hätte. Wir wußten, daß, wenn England es zum Kriege kommen ließe, uns von dort sofortiger Angriff mittels der Flotte drohe, und so mußte unsere Flottenmacht stark genug bleiben, um solchem Angriff die Spitze bieten zu können. Sie mußte um so stärker ausgestattet werden, um diesem Zwecke genügen zu können, je rascher der Ausbau der englischen Flotte voranschritt. So ergab sich ein circulus vitiosus, aus dem kein Entrinnen möglich war; denn diese starke Flotte wurde in englischen Augen zum möglichen Unterbinder des freien Verkehrs auf den Seestraßen, den zu erlauben oder zu verbieten England als angeborenes Recht für sich allein in Anspruch nahm.

So kam, was kommen mußte: der Knoten schürzte sich unentwirrbar, und der vorbereitende Stimmungsfeldzug jenseits des Kanals begann. Anstatt zu bekennen, daß man gegen Deutschland Front machen müsse, um seine letzten Ziele zu verwirklichen, drehte man in England den Spieß um und schuf das Wahngebilde der Panik vor einer deutschen Invasion. Aus nächtlichen Sternen wurden die Lichter deutscher Zeppeline, die über England flogen, der Ruf nach der allgemeinen Wehrpflicht erscholl und die Unwissenheit der Volksmasse wurde aufgepeitscht durch kinematographische Vorführungen von Schlachten, die sich zwischen preußischen Garden und unschuldigen Territorials in den friedlichen Parks englischer Landhäuser abspielten.

Was seither geschehen ist, haben wir alle schaudernd erlebt. Vielen von uns ist es die schmerzlichste Überraschung gewesen, daß der Bruch zwischen uns und England sich tatsächlich als Abbruch aller Beziehungen vollzog. Es bedeutete den Kirchhof aller kosmopolitischen Ideale, als erkennbar wurde, daß dieser ganze Weltkrieg, der hinter der Kulisse der Revanche-Idee Frankreichs und des panslavistischen Gedankens Rußlands inszeniert worden war, nichts anderes ist, als die große Aktion Englands, um seinen größten Handelsrivalen zu beseitigen. Wer die Menschheitsgeschichte zu höheren Bahnen erhoben geglaubt hatte, erlebte die größte aller Enttäuschungen. Genau so, wie England seinerzeit Spanien, Holland, Dänemark, einen nach dem anderen auf die Kniee zwang in dem Augenblick, als ihm klar wurde, daß diese Staaten es wirtschaftlich zu überflügeln drohten und seiner eigenen wirtschaftlichen Ausbreitung im Wege standen, genau so hat es als Naturnotwendigkeit empfunden, die Maschen des Netzes seiner Entente über Deutschland zu werfen, als es merkte, daß dieses zu einem ebenbürtigen Gegner heranwuchs. Der in den bereits zitierten Worten der Saturday Review liegende Gedanke erwies sich als die treibende Kraft der englischen Politik. Und so unfaßbar uns allen eine derart brutal-materielle Auffassung ist, die das Lebensglück von Millionen um des krassen materiellen Wohls von Millionen auf das Spiel setzt, so läßt sich doch an der Tatsache nichts drehen und deuteln, daß dieser Krieg das größte Geschäftsunternehmen ist, das je inszeniert wurde, und daß der Unternehmer dieses Geschäftes England ist. Diese Tatsache steht fest und wird hoffentlich niemals, aber auch wirklich niemals wieder bei uns vergessen werden!

Wie begründete doch Lord Grey am 3. August 1914 dem englischen Parlament gegenüber den Entschluß zur Kriegserklärung? Er sagte:

„For us, with a powerful fleet, which we believe able to protect our commerce and to protect our shores and to protect our interests, if we are engaged in war, we shall suffer but little more than we shall suffer even if we stand aside."

Also ein kühles Abwägen des Für und Wider der Rechnung mit dem Ergebnis: wenn wir mitmachen, ist unser Risiko kaum größer, als wenn wir uns fernhalten, also machen wir mit. Mit diesem Risiko-Kalkul trat England in den Krieg ein! Durch dieses Kalkul ist dieser Krieg dauernd als ein Geschäftskrieg gebrandmarkt; denn trotz aller früheren Invasionsmärchen vermochte selbst ein Grey nicht, an jenem 4. August als Kriegsgrund den einzigen Grund hinzustellen, der einen Krieg staatsmännisch rechtfertigt: den Zwang der Selbsterhaltung.

Ein Geschäftskrieg ist es zwecks eigener Bereicherung durch Vernichtung des Hauptkonkurrenten. Wer hieran noch zweifeln konnte, der wurde eines anderen belehrt durch die wirtschaftlichen Maßnahmen, die England alsbald nach Ausbruch des Krieges gegen alles, was deutsch war, überall in der Welt ergriff.

Im einzelnen sind diese Maßnahmen ja bekannt. Sie fußen auf mittelalterlichen Gesetzen, die mit moderner Verkehrsauffassung schlechthin unvereinbar sind. Die in Anlehnung an diese Gesetze erlassenen Verordnungen verbieten jeden Handel mit dem Feinde, setzen dieses Verbot durch das System der schwarzen Listen durch, erklären alle Verträge mit feindlichen Ausländern für aufgelöst — wohlgemerkt aber nur soweit Rechte, nicht aber soweit Pflichten des feindlichen Ausländers in Frage kommen — und stellen endlich das gesamte, englischem Zugriffe unterliegende feindliche Vermögen unter Aufsicht. Die Krone hat diesen Raubgesetzen die Verordnung vom 27. Januar 1916 aufgesetzt, welche die Auflösung aller Unternehmungen mit überwiegend deutscher Beteiligung oder mit deutscher Leitung und die Enteignung alles sonstigen, begehrenswert erscheinenden deutschen Besitzes vorsieht.

Die Kolonien Englands sind als gelehrige Schüler dieser Politik gefolgt. Bereits im Jahre 1914 sind in Hongkong und den Straits Settlements durch englische Regierungsverfügung alle deutschen Unternehmungen unter uneingeschränkter Willkür der Liquidatoren liquidiert und zur Deckung dieser Willkür auf Regierungsanordnung die Bücher, Papiere, Rechnungen und Urkunden, sowohl des feindlichen Ausländers, wie des Liquidators vernichtet worden. Also Ausrottung mit Stumpf und Stiel! Ein Kampf auf Leben und Tod, angefacht von der Gier nach Geld und Gut, ausgehend von kalten, geschäftlichen Kalkulationen und daher, nach echt englischer Art, auch vor Brutalitäten, wie dem Hungerkriege nicht zurückschreckend.

England zum Leide, uns zum Glück saß allerdings in diesen Kalkulationen der Wurm des von Lord Grey am 4. August 1914 nicht in Rücksicht gezogenen Risikos einer falschen Selbstkostenrechnung!

Wie hielt das deutsche Wirtschaftsleben den Anprall des Kriegsausbruches aus? Wohl jeder von uns hat Wochen und Monate gebraucht, bis er dem gewaltigen Erleben jener ersten Augusttage des Jahres 1914 gegenüber das innere Gleichgewicht wieder fand, und keiner, dem in jenen Tagen neben allen persönlichen Sorgen die Pflicht der Leitung großer wirtschaftlicher Unternehmungen auferlegt war, wird je den Aufruhr jener Zeit vergessen.

Und doch — bald brach bei uns allen die Erkenntnis durch, daß, wenn es einmal so kommen mußte, es gut war, daß es endlich so kam, daß es mit dem ewigen Lavieren zu Ende war, daß die latente Feindschaft, die uns auf allen Seiten beengte und uns den Lebensodem abzuschneiden drohte, uns nunmehr offen gegenüber trat und den Zwang auferlegte, die Daseinsberechtigung unserer politischen und wirtschaftlichen Stellung zu beweisen. Und je mehr wir prüften, ob wir den Anforderungen, die sich für uns ergaben, gewachsen seien, um so stärker und sicherer wurde die Überzeugung, daß diese Frage bejaht werden dürfe und bejaht werden müsse. Die Führer des deutschen Wirtschaftslebens, an der Spitze der Präsident der Reichsbank, Exzellenz von Havenstein, dem nie genug gedankt werden kann, wie weitsichtig er die Eventualität eines Krieges vorausgeschaut hatte, haben vom ersten Tage des Kriegsausbruches an die unbedingte Zuversicht vertreten, daß wir wirtschaftlich dem Kampfe gewachsen seien. Der erste Beweis dieser festen Überzeugung trat in den denkwürdigen Verhandlungen über die Frage zutage, ob ein allgemeines Moratorium für Deutschland zu erlassen sei. Die wirtschaftlichen Praktiker haben es in jenen Besprechungen durchgesetzt, daß von dem Erlaß eines allgemeinen Moratoriums Abstand genommen wurde, im Gegensatz zu allen anderen Ländern, in denen die Stockung des gesamten Zahlungsverkehrs gesetzlich sanktioniert werden mußte. Die deutschen Kaufleute, die in diesen Tagen ihr unverbrüchliches Vertrauen in die Festigkeit und Sicherheit unseres wirtschaftlichen Aufbaues setzten, haben glänzend Recht behalten. Wir sind ohne Moratorium durchgekommen und haben nie bereut, es von der Hand gewiesen zu haben. Im Gegenteil, durch die Aufrechterhaltung des Zahlungsverkehrs allein ist es möglich gewesen, über die erste bange Zeit, die sich an den Kriegsausbruch anschloß, hinwegzukommen und das Bewußtsein unserer eigenen Kraft in alle Kreise des Volkes zu tragen.

Ja, noch mehr; bereits in jenen Tagen, als sich die Gedanken geklärt hatten und das treibende Moment des anhebenden Kampfes erfaßt worden war, kam uns Kaufleuten zum Bewußtsein, daß es der Kampf um unsere ganze Zukunft sei, der hier ausgefochten werde, und daß dieser Kampf, wenn er nicht umsonst geführt werden solle, stehen müsse unter dem Zeichen: Gleichberechtigung mit England!

Wir wollen uns nun der Frage zuwenden, wie die wirtschaftlichen Kriegswirkungen sich in England und Deutschland geäußert haben, und zwar wollen wir betrachten sowohl die wirtschaftlichen Folgen, die der Krieg als solcher in beiden Ländern hervorgerufen hat, als auch die Folgen, die sich für die Zukunft beider Länder nach dem Kriege ergeben werden. Selbstverständlich kann es sich auch hier nur um eine, die Hauptpunkte hervorhebende Betrachtung handeln.

Ich bitte Sie, Tabelle II zur Hand zu nehmen.*)

Wie Sie aus ihr ersehen, sind die Kriegskosten der Entente bisher mehr als doppelt so groß wie diejenigen Deutschlands, und die täglichen Kosten Englands mit 100 Millionen Mark per Tag um 27 Millionen Mark täglich größer, als die unsrigen. Niemand wird behaupten, daß diesen um so vieles größeren Aufwendungen die größeren Erfolge entsprächen. Die Finanzierung der Kriegskosten zeigt eine ungefähr gleiche Höhe der bewilligten Kriegskredite in England und Deutschland. Sehr verschieden ist aber die Art der Aufbringung der Kredite. Bisher hat Deutschland 47 Milliarden Mark der Kriegskosten durch fundierte Anleihen aufgebracht, während England nur 19 Milliarden Mark durch fundierte Anleihen, dagegen 30 Milliarden Mark durch kurz- und mittelfristige Schatzanweisungen belegt hat.

Ich möchte einen Augenblick bei diesen verschiedenen Finanzierungsmethoden verweilen. Vielfach ist die englische Aufbringungs-

*) Tabelle II ist abgedruckt auf Seite 38 ff.

art durch unfundierte, teilweise hoch verzinsliche Schatzanweisungen als Zeichen der Schwäche gedeutet worden, indem gesagt wurde, diese Art der Aufbringung sei der beste Beweis dafür, daß England am Ende seiner finanziellen Kraft stehe, da es nicht in der Lage sei, mit genügend großen Anleihen an den Markt heranzutreten. Diese Betrachtungsweise ist nicht ganz zutreffend. Sie läßt zweierlei außer Acht. Einmal wurde die englische Finanzmethode von dem großen Rechenfehler des Geschäftskrieges beeinflußt, daß es sich um die Beteiligung an einem risikolosen, also kurzfristigen Unternehmen handele, dessen Engagement bald liquidiert werden würde und dessen Betriebskapital daher im Wege der vorübergehenden Geldbeschaffung aufgebracht und aus den Gewinnen des Geschäfts rasch amortisiert werden könne. Sodann sprach mit, daß die Finanzierungsmethode durch unfundierte Schatzanweisungen dasjenige Finanzierungssystem wiederholte, das in England seit Jahrhunderten geübt worden ist. Es ist daher ein gut Teil englischer Konservatismus im Spiele, wenn auch in diesem Kriege so und nicht anders vorgegangen worden ist.

Zum Vergleich können herangezogen werden die Napoleonischen Feldzüge zu Beginn des 19. Jahrhunderts, von deren 16½ Milliarden Mark betragenden Kosten nur 9 Milliarden Mark durch Anleihen, der Krimkrieg von dessen 1⅓ Milliarden Mark betragenden Kosten ⅔ Milliarden Mark durch Anleihen, der Burenkrieg, von dessen 4½ Milliarden Mark betragenden Kosten 2¾ Milliarden Mark durch Anleihen gedeckt worden sind. Der Rest der Kosten ist stets durch Steuern, teilweise auch durch Zölle aufgebracht worden. Es ist daher verständlich, wenn das englische Kabinett auch in diesem Kriege die Frage der Fundierung der Schulden ziemlich leichtherzig behandelt hat; denn die Geschichte Englands zeigt, daß es ihm stets in erstaunlich rascher Zeit nach großen kriegerischen Kapitalaufwendungen gelungen ist, dieselben mit Hilfe der Erfolge der aus Geschäftsrücksichten inszenierten Kriege wieder auf ein normales Maß herabzubringen. Die englische Wirtschaftsliteratur der vergangenen Jahrhunderte ist voll von Klagen über die durch die dauernden Kriege, in die England verwickelt war, erfolgte enorme Steigerung der Staatsschulden. Die größte Belastung brachten die Napoleonischen Kriege. Bei ihrer Beendigung stand England einer Schuldenlast gegenüber von 861 Millionen £, und doch wurde England dieser Schulden Herr. In den Jahren 1817—1830 hat die Tilgung der englischen Schuld rund 29,5 Millionen £ betragen, d. h. im Jahresdurchschnitt rund 2 270 000 £; in der Zeit von 1813 bis 1876 wurden im ganzen 85 175 000 £ getilgt, d. h. im Jahresdurchschnitt 1 851 000 £, in der Zeit von 1876 bis 1900 wurden insgesamt 155 238 000 £ getilgt oder im Jahresdurchschnitt 6 468 000 £. In der Zeit von

1815 bis zum Jahre 1900 waren also insgesamt getilgt worden rund 270 Millionen £, d. h. durchschnittlich 3 200 000 £ per Jahr. Infolge des Burenkrieges mußte die Schuldentilgung in den Jahren 1900 und 1901 völlig eingestellt werden und die Aufnahme neuer Kriegsanleihen im Betrage von 159 Millionen £ erfolgen. Trotz alledem belief sich die englische Staatsschuld um das Jahr 1910 nur auf etwa 600 Millionen £, die fast sämtlich zu 2½ % verzinslich waren. Das im Jahre 1914 von Lloyd George eingebrachte Staatsbudget sieht für den Schuldendienst nur 24 500 000 £ vor. Diese Ziffern, die selbstverständlich nur approximativ sind, beweisen, daß sich bis jetzt das Geschäft des Kriegführens für England immer noch gelohnt hat, und es ist daher begreiflich, daß es auch diesen Krieg in derselben Weise zu finanzieren unternahm, wie alle seine bisherigen Geschäftskriege.

Freilich ist es auch in diesem Punkte anders gekommen, als die englischen Staatsmänner sich gedacht hatten. Aus dem Geschäftskriege, den man nur mitmachen wollte, um dabei zu sein, wenn die Beute verteilt würde, ist ein Kampf geworden, der die Grundfesten des englischen Reichs erschüttern läßt. Wenn England nicht siegt — und es wird nicht siegen —, wird es zwar an den Kosten dieses Krieges nicht zu Grunde gehen, ihre Tilgung aber dauernd zu spüren haben. Es wird diesesmal nicht in der Lage sein, sich so leichten Herzens wie früher über die Milliarden-Schulden seines Krieges hinwegzusetzen.

Vielfach ist es als ein Zeichen finanzieller Schwäche gedeutet worden, daß England zum Typ der 6 %-Schatzanweisungen gegriffen hat. Man wollte in diesem hohen Zinssatz den Beweis sehen, daß es mit Englands finanzieller Kraft zur Neige gehe. Ich möchte dieser Auffassung widersprechen. Ob 6 % teuer oder billig sind, darüber wird man sich bei dreijährigen Schatzanweisungen, und in diese werden offenbar nach und nach die kurzfristigen Schatzscheine umgewandelt, erst äußern können, wenn an Stelle dieser Schatzanweisungen fundierte Anleihen getreten sind und der Zinsfuß dieser Anleihen feststeht. Sollte es England gelingen, diese Anleihen alsdann zu billigeren Zinssätzen abzuschließen, als solches heute möglich wäre, so kommt es mit Hilfe der jetzt angewandten Methode vorteilhafter weg, als wenn es zurzeit bereits feste Anleihen zu einem Zinssatze kontrahierte, der den gegenwärtigen teuren Geldverhältnissen entspricht. Ferner kommen noch zwei Momente von wesentlicher Bedeutung in Betracht. Der sechsprozentige Zinsfuß ist sehr reizvoll für das Ausland. Mit seiner Hilfe schafft sich England also die Möglichkeit, fremde Gelder aus dem neutralen Ausland heranzuziehen. Und endlich bildet der sechsprozentige Satz eine willkommene Basis für die Abrechnung mit den Verbündeten. Wir wissen, mit wie gewaltigen Summen England diesen gegenüber hat vorspringen müssen. Der Gesamtbetrag wird von autoritativer englischer Stelle für die Zeit bis zum 31. März 1917 unter Einschluß der den Kolonien für die Zwecke des Krieges vorgestreckten Beträge auf £ 818000000, d. i. mehr als sechzehneinhalbe Milliarde Mark geschätzt. Es ist England daher sehr willkommen, bei seiner Kostenrechnung mindestens sechs Prozent, wahrscheinlich mehr, zugrunde legen zu können.

Aber auch, wenn man den hohen Zinsfuß nicht als bedenklich betrachtet, bleibt, politisch gesehen, die finanzielle Situation Englands jedenfalls höchst unangenehm, und man möchte nicht in der Haut des britischen Schatzministers stecken, der diese gewaltigen, unfundierten Summen eines Tages in fundierte Schulden umwandeln soll. Es genügt ja nicht allein, Anleihen zu emittieren, sie müssen auch genommen werden, und was nach dieser Richtung seitens des englischen Publikums bisher geleistet worden ist, muß mit wenig Hoffnung für den Fall erfüllen, daß die politische Gewinn- und Verlustrechnung dieses Geschäftskrieges nicht mit dem erhofften Ergebnis abschließen sollte. Auch hier rächt sich wieder die verfehlte Konstruktion des Geschäftes.

Ein Krieg, den man unternahm, um dabei zu sein, konnte finanziell auf Schatzscheinen basiert werden; ein Krieg, dessen Entwicklung nach kurzer Zeit zwang, vom Söldnerheer zur allgemeinen Wehrpflicht überzugehen, mußte auch finanziell fußen auf der vollsten Opferwilligkeit und Hingabe jedes einzelnen Staatsbürgers.

Wie steht es aber mit dieser Opferwilligkeit auf finanziellem Gebiete? Wir wollen, wenn auch nur in kurzen Zügen, Ausstattung und Ergebnis der englischen Kriegsanleihen betrachten.

Wenige Monate nach Ausbruch des Krieges war man bei der Wahl ihres Typs noch recht zuversichtlich. Die erste Kriegsanleihe wurde in Höhe von 350 Millionen £ zum Zinsfuße von 3½ % zum Preise von 95 % aufgelegt. Zeichnungen unter 100 £ wurden nicht angenommen. Die Anleihe ist am 1. Januar 1928 zu pari rückzahlbar; die Regierung ist jedoch berechtigt, schon am 1. März 1925 mit der Tilgung zu beginnen.

Soweit ist die Ausstattung der Anleihe der Ausdruck stolzen Machtbewußtseins. Sie nähert sich mit ihrer kurzen Rückzahlungsfrist und ihrem niedrigen Zinsfuß dem Charakter einer Schatzanweisungsanleihe mit längerer Lauffrist. Daß die englische Regierung ihrer Sache aber doch nicht ganz so sicher war, wie sie gern scheinen wollte, erhellt daraus, daß die Bank von England gezwungen wurde, sich bereit zu erklären, den gesamten Betrag jeder einzelnen Zeichnung, auch ohne daß auf dieselbe irgend etwas eingezahlt worden wäre, dem Zeichner gegen Verpfändung der zu zeichnenden Stücke auf 3¼ Jahre, nämlich bis zum 1. März 1918, zu 1 % unter dem jeweiligen Diskont zu leihen. Bei Licht besehen, wurde also das Risiko der ganzen Anleihezeichnung auf die Bank von England abgewälzt.

Die deutschen Darlehnskassen geben die bei ihnen zwecks Zeichnung auf Kriegsanleihen nachgesuchten Darlehen nur auf sechs Monate, unter Beleihung der Effekten nur bis zu 75 % ihres Kurses und nur zu einem den jeweiligen Diskontsatz der Reichsbank um $^1/_4$ % bis $^1/_2$ % übersteigenden Zinssatze.

Nebenbei sei bemerkt, daß in Deutschland die Darlehnskassen für Zwecke der Zeichnungen auf Kriegsanleihen bei einem Gesamtbetrage derselben von 47 Milliarden Mark nur mit dem Betrag von 1 086 746 000 Mark, d. s. noch nicht 3 % des gesamten auf die Anleihen eingezahlten Betrages von 45 Milliarden in Anspruch genommen worden sind.

Da die erste englische Anleihe bei Berücksichtigung ihrer Amortisation und des Ausgabekurses eine Verzinsung von rund 4 % bringt, der Darleiher aber das für die volle Bezahlung seiner Zeichnung nötige Geld bei dem zur Zeit der Emission 5 % betragenden englischen Bankdiskont zum gleichen Zinssatz erhielt, lief er bei der Zeichnung weder Risiko, noch brauchte er überhaupt eigene Mittel zu besitzen. Trotz alledem und trotz der Limitierung der Anleihe, die man in Deutschland bisher wohlweislich bei sämtlichen Kriegsanleihe-Emissionen vermieden hat, um Konzertzeichnungen zu verhüten, hatte die Anleihe aber nur eine Überzeichnung von 50 Millionen £ aufzuweisen, und es scheint sogar, als wenn diese Überzeichnung nicht herabgesetzt worden wäre, sondern in vollem Umfange Berücksichtigung gefunden hätte, so daß die Begrenzung der Anleihe nach oben überhaupt nicht stattfand. Die Anleihe hat der Regierung keine Freude gemacht; ihr Kurs ist trotz der kurzen Rückzahlungsfrist, nach der sie zu pari eingelöst werden muß, bald ins Wanken gekommen und notierte bereits sechs Monate nach Ausgabe $1^1/_8$ % unter dem Ausgabekurs. Jedenfalls ist die Anleihe keine Volksanleihe geworden; die Hauptzeichner waren die Banken, und es ist bezeichnend, daß niemals bekannt gegeben worden ist, in welchem Umfange die Bank von England die Zeichnungen beliehen hat.

Es ist daher nicht zu verwundern, daß die englische Regierung sehr zögerte, zu einer zweiten Anleihe zu schreiten, und sich bis zum Juni 1915 mit der Ausgabe von kurzfristigen Schatzwechseln von sechs- und zwölfmonatiger Laufzeit und mit fünfjährigen Schatzanweisungen behalf. Bei Wahl des Typs erhöhte man vorsichtig den stolzen Zinsfuß von $3^1/_2$ % auf $4^1/_2$ %. Die Anleihe wurde zu pari aufgelegt, mit Rückzahlung im Jahre 1925 und der Berechtigung der Anleihebesitzer, die Rückzahlung erst im Jahre 1945 zu fordern. Die Einzahlungen hatten in der Zeit vom 20. Juli bis zum 26. Oktober zu erfolgen, der erste Halbjahrszinskupon wurde aber bereits am 1. Dezember 1915 voll eingelöst. Bei Verrechnung der daraus resultierenden Zinseinbuße des Staates ergibt sich ein Ausgabekurs von $98\frac{3}{4}$ % und eine Verzinsung von 4,55 %. Das Bezeichnende an dieser Anleihe ist aber, daß, wer auf sie zeichnete, einen dem gezeichneten Betrage gleichen Betrag der ersten Kriegsanleihe, die damals, wie erwähnt, etwas unter 94 % stand, unter Zuzahlung der Differenz zwischen dem Emissionskurse, d. h. von 5 %, austauschen konnte. Ebenso wurde den Besitzern von Konsols und von $2\frac{1}{2}$ %igen Annuitäten der Umtausch unter günstigsten Bedingungen gestattet und endlich wurde die Hinaufkonvertierung der ganzen zweiten Anleihe für den Fall zugesagt, daß während der Kriegsdauer weitere und noch höher verzinsliche Inlandanleihen ausgegeben werden sollten. Rechnet man den Wert dieser Vergünstigungen aus, so kommt man dazu, daß dem Kurse von $98\frac{3}{4}$ % eine Verzinsung von etwa 5,35 % entsprach. Bei den deutschen Kriegsanleihen entspricht einem Zinsfuße etwa 5,38 % ein Kurs von 98,5 %. Tatsächlich ist also England gezwungen gewesen, seine Anleihen unter ziemlich den gleichen Bedingungen zu finanzieren, wie dies Deutschland getan hat, und der Erfolg war trotzdem kläglich. Nach offiziellen Angaben betrug die Gesamtzeichnung 900,8 Millionen £, von denen 550 Millionen £ auf die Vermittlung der Bank von England entfielen. Die Barzeichnungen betrugen etwa $\frac{2}{3}$ der Gesamtzeichnungen, nämlich 587,2 Millionen £. Zum Umtausch hereingegeben wurden 313,6 Millionen £, die unter Berücksichtigung der baren Nachzahlung einem Zeichnungsbetrage auf neue Anleihe von 373,1 Millionen £ entsprachen. Es sind also von der Anleihe wirklich neu, d. h. ohne Zusammenhang mit den Konversionen, höchstens etwa 214 Millionen £ gezeichnet worden.

Diese Ergebnisse klingen nicht sehr hoffnungsreich für den Fall, daß die schwebenden Schulden ganz oder zum größten Teil in fundierte Anleihen umgewandelt werden müssen. Das englische Publikum ist gegenüber den bisher stets vorbeigelungenen Voraussagungen seiner Regierung, trotz aller scheinbaren Festigkeit in der geschäftlichen Beurteilung des entrierten, nach Lord Grey risikolosen Unternehmens, doch sehr skeptisch gewesen; denn sonst hätte es das Geld in diesem Geschäft sicherlich williger angelegt, als dies der Fall gewesen ist. Die Regierung ist daher gezwungen gewesen, die Steuerschraube bereits während des Krieges gewaltig anzuziehen, und man muß ihr das Zeugnis ausstellen, daß sie großzügig vorgegangen ist, und zwar in einem Maßstab, der noch weitere Steigerungsabsichten erkennen läßt. Man hat das Problem der Deckung beim Schopfe erfaßt und ist mutig daran gegangen, es mit Hilfe der direkten Steuern zu lösen. Diese sind, nachdem sie bereits vor dem Kriege dauernd erhöht worden waren, und zwar bis zum Jahre 1911/12 auf 70,2 Millionen £, im Jahre 1913/14 auf 74,5 Millionen £ und im Jahre 1914/15 auf 97,75 Millionen £ gestiegen und sollen im Jahre 1915/16 155 Millionen £ bringen, d. s. mehr als 3 Milliarden Mark. Wie sich das als Belastung des Einkommens ausdrückt, zeigen folgende Ziffern. Es zahlen die Einkommen

bis zu ℳ 40 000	8,5 % — 12,5 %,
von ℳ 40 000 bis ℳ 100 000	12,5 %,
von ℳ 100 000 an	15 %.

Die Erbschaftssteuer ist erhöht worden auf 20 % und die Kriegsgewinnsteuer bewegt sich zwischen 50 % und 60 % vom Mehrgewinne. Am deutlichsten hat der englische Unterstaatssekretär Montague die Lage gekennzeichnet, indem er sagte, jeder Engländer müsse in Zukunft vorbereitet sein, mehr als die Hälfte seines Einkommens fortzugeben.

Beachtung verdienen die Ausführungen des südafrikanischen Finanzmannes, die in der Times vom 28. und 29. September veröffentlicht wurden. Wilson Fox stützt sich auf die Berechnungen, welche Sir George Paish kürzlich der Royal Statistical Society mit folgendem Ergebnis geliefert hat. Nach Paish werden die englischen Kriegskosten sich Ende März 1917 auf 3 777 000 000 £ belaufen. Wilson Fox schätzt, daß die Höhe der Staatsschuld bis Ende März 1917 3 500 000 000 £ betragen werde. Nach Wilson Fox erfordern der Schuldendienst und die Amortisation von 1 % jährlich 210 000 000 £ und das Budget 250 000 000 £. Mithin wäre ein Steuerminimum erforderlich von jährlich 460 000 000 £. Fox ist überzeugt, daß diese gewaltige Summe aufgebracht werden würde. Er bezweifelt aber, daß dieses im Wege der Steuer geschehen könne; denn er macht bezeichnender Weise einen Vorschlag, der allen Überlieferungen Englands ins Gesicht schlägt. Er sagt, der Staat werde anfangen müssen, selbst Produzent zu werden, er werde als Unternehmer Landwirtschaft, Eisenbahnen und alles mögliche andere betreiben müssen. Also eine völlige Abkehr von allem, was bis jetzt in England üblich war. Den Trost für diese neuzeitlichen Ideen findet Wilson Fox allerdings in der von ihm als selbstverständlich hingestellten Annahme, daß England die deutschen Kolonien behalten und sie als Kronland bewirtschaften werde — eine Prämisse, die sich als irrig erweisen wird.

Trotz alledem glaube ich, daß England sein Budget durch Steuern balanzieren wird. Ich glaube aber auch ebenso daran, daß wir die Lasten dieses Krieges im Steuerwege ausgleichen werden. Ebenso felsenfest glaube ich allerdings auch daran, daß das uns anerzogene soziale Empfinden, das die Hingabe an die Allgemeinheit als Selbstverständlichkeit erscheinen läßt, es uns leichter machen wird, als England, die Arbeits- und damit die Geldopfer zu bringen, ohne welche die finanziellen Wunden dieses Krieges nicht geheilt werden können. Bezeichnender Weise predigt Wilson Fox seinen Landsleuten, daß sie sich nach dieser Richtung zur Annahme neuer Methoden bequemen müßten.

Wir haben bisher gesehen, daß die Ansprüche, die an Englands Finanzkraft gestellt waren, größer sind, als die an uns herantretenden. Wir haben gesehen, daß die Befriedigung dieser Ansprüche bei uns in einer die Zukunft belastenden Weise erfolgt ist, von der wir uns bewußt sind, daß sie uns außerordentlich schwere Opfer auferlegt. Das Höchstausmaß dieser Belastung steht aber infolge der Fundierung der Staatsschuld heute fest, und wird bei Aufnahme weiterer Anleihen, die nicht ausbleiben können, jeweils feststehen. Das bisher unfundierte System der englischen Finanzierung läßt erkennen, daß mit dem Eintritt aller möglichen Ereignisse gerechnet wird, welche die Situation zugunsten des Staates verschieben sollen, die aber vorläufig nur in der Hoffnung der englischen Staatsmänner bestehen. Falls diese Hoffnungen sich — entsprechend unserer Überzeugung — nicht verwirklichen werden, kann der Rückschlag auf die innere politische Lage des Weltreiches nicht ausbleiben.

Hinzukommt aber ein weiteres Moment, oft genug besprochen und in seinen Folgen von schwerwiegendster Bedeutung. Die Abschließung der Zentralmächte hat dazu geführt, daß sie den weitaus größten Teil des gesamten Kriegsbedarfs im Inland decken müssen und in immer geringer werdendem Maße Zufuhren aus dem Ausland benutzen können. Die Entente dagegen, England voran, ist von vornherein infolge der ungenügenden Kapazität ihres Industrieapparates genötigt gewesen, in überwiegendem Maße auf das Ausland zurückzugreifen.

Es handelt sich hierbei um gewaltige Summen, deren Anwachsen durch die Bewegung der Ausfuhrziffern der Vereinigten Staaten illustriert wird. Deren Ausfuhr betrug im Jahre:

1913/14	2330	Mill. $	und der Ausfuhrüberschuß	436	Mill. $,
1914/15	2769	„ „	„ „ „	1095	„ „
1915/16	4345	„ „	„ „ „	2265	„ „.

Man rechnet, daß der Verdienst hieran sich bis zum 1. August 1916 auf 3,5 Milliarden $ belief.

Den Löwenanteil dieses Exportes erhielt England, und so sehen wir England zu verzweifelten Kraftanstrengungen greifen, um den aus diesen Bezügen erwachsenden Verpflichtungen gerecht zu werden. Als vornehmste Mittel kommen in Frage: der Verkauf neutraler Werte aus englischem Besitz, die Goldausfuhr und die Kontrahierung von Auslandsanleihen. Näheres hierüber finden Sie auf der zweiten Seite der Tabelle II. Naturgemäß sind nur

Schätzungen möglich, soweit es sich um Effekten und Goldausfuhr handelt. Immerhin stimmen aber die verschiedenen Schätzungen ziemlich überein und zeigen, welche Mühe England bereits hat, seine täglichen Zahlungsverpflichtungen zu begleichen. Ein Indizium dafür, wie schwierig es England wird, die nötigen Effekten aufzutreiben, die zur Zahlung an das Ausland abgeführt werden sollen, gibt die im Juli 1916 ergangene Verordnung, durch welche eine Sondersteuer in Höhe von 10 % für die Besitzer derjenigen Auslandseffekten eingeführt wird, die dem Staate auf dessen Verlangen nicht leihweise oder käuflich überlassen werden.

Zu welchen Konsequenzen die Not um Auslandseffekten auch gegenüber deutschem Hab und Gut in England geführt hat, ist Ihnen allen bekannt. Interessant ist aber, daß, wie zu merken ist, es den Herren drüben bei ihrem Vorgehen nicht ganz wohl zu Mute ist. Mc. Kenna hat auf wütende Ausfälle im Parlament, die ihm vorwarfen, daß er gegenüber den deutschen Banken in London nicht schnell und energisch genug vorgehe, ausweichend geantwortet und jedenfalls bis jetzt nicht die Bejahung der Forderung zugegeben, daß die deutschen Banken in London ebenso rücksichtslos liquidiert werden sollten, wie es an den anderen Stellen des Reichs mit deutschen Unternehmungen geschehen ist.

Die vorgenannten Ziffern zeigen, welche Ansprüche an die englische Kaufkraft gestellt werden. Welche weitere Belastung des Wirtschaftslebens der Krieg England gebracht hat, erhellt aus der mit der Frachtknappheit zusammenhängenden Zunahme der Teuerung der wichtigsten Verbrauchsartikel. Legt man die Durchschnittspreise der Jahre 1901—1905 als Basis zugrunde, so ergeben sich, wie einzelne in Tabelle II abgedruckte Beispiele zeigen, Steigerungen von außerordentlicher Höhe, die bei den Lebensmitteln beinahe das doppelte gegen früher betragen. Die Gesamtheit der Indexziffer betrug, gegenüber einer Basis von 2650 am 1. Januar 1914, am 1. Januar 1915 bereits 2800, am 1. Januar 1916 sogar 3700 und am 1. September 1916 endlich 4400. Daß diese Steigerung weiter andauern wird, zeigen die ferner dort angegebenen amerikanischen Ernte- und Preisziffern für Baumwolle und Weizen an, zumal Nord- und Süd-Amerika in diesem Jahre eine viel schlechtere Ernte aufzuweisen haben als in dem vorhergehenden und Kanada von einer Mißernte betroffen worden ist.

Man könnte für den Fall, daß der Krieg im Sinne Englands gewonnen wird, diese Erscheinungen als nur vorübergehende Konsequenzen des Krieges ansehen. Was aber selbst im Falle des von uns für unmöglich gehaltenen Sieges nicht vorübergehen und was nie und nimmer wieder gut zu machen sein wird, das ist, daß England durch die Übertragung des Krieges auf das wirtschaftliche Gebiet und den Zwang, dessen Finanzierung und Industrialisierung im

Auslande zu bewirken, sich einen großen Teil der Quellen, aus denen es bisher seine wirtschaftliche Kraft schöpfte, abgeschnitten hat.

Wohl ist England auf vielen Gebieten der Industrie früher führend gewesen, und die Stärke seines Exporthandels beruhte zum Teil auf dieser Führerschaft. Der Krieg hat hiermit aufgeräumt. In welchem Maße England diese Führerschaft eingebüßt hat, läßt sich noch nicht übersehen, zumal die englische Handelsstatistik seit Ausbruch des Krieges gewollt verschleiert ist. Die Engländer wollen die Welt zwar gerne glauben machen, daß ihr Ausfuhrhandel beinahe wieder ebenso groß sei wie zu Friedenszeiten. Die in Tabelle II abgedruckte Zergliederung der Ausfuhrziffern nach Mengen und Preisen zeigt aber, daß diese Erholung nur scheinbar sein kann. Es handelt sich bei den ausgeführten Waren, deren Mengen gestiegen sind, im wesentlichen um solche, welche die Verbündeten für Kriegszwecke beziehen müssen, aber nicht bezahlen. Im übrigen sind die Ausfuhrmengen erheblich zurückgegangen; infolge der Preissteigerung des verbliebenen Ausfuhrrestes läßt sich der Umfang dieses Rückganges jedoch nicht genau feststellen.

Noch viel mehr hat sich England aber auf anderem Gebiete durch die Ausgestaltung des Krieges zum Wirtschaftskriege in das eigene Fleisch geschnitten.

Englands außerordentliches finanzielles und wirtschaftliches Übergewicht beruhte im wesentlichen darauf, daß es sich durch seine Auslandspolitik zum Weltvermittler und Weltbankier aufgeschwungen hatte. England war der Markt der Welt. Aus allen Zonen und Ländern strömten dort die Waren zusammen, und aus allen Zonen und Ländern wurden dort die Rechnungen reguliert. Der Pfundwechsel beherrschte die Erde, und englische Maße und Gewichte mußten, wenn auch widerwillig, überall mit zugrunde gelegt werden. Der Reichtum, der aus dieser Vermittlerrolle entstand, hatte zur Folge gehabt, daß England in erster Linie in Frage kam, wenn es galt, Übersee-Anleihen zu finanzieren, und so sehen wir, wenn wir den Versuch machen, uns ein Bild von den Einkommenquellen Englands zu machen, daß diese im wesentlichen auf dieser doppelseitigen Vermittlerrolle beruhten. Sie finden am Schlusse der Tabelle II einen Vergleich der englischen Zahlungsbilanz, wie sie im Jahre 1912 gewesen war und wie sie sich im Verlauf des Krieges umgestaltet hat. Selbstverständlich handelt es sich bei letzteren Ziffern um Schätzungen. Da letztere aber, wie sie von der Frankfurter Zeitung aufgestellt wurden, in ihren Resultaten mit einem am 9. Juni 1915 in der Times erschienenen Artikel des bekannten Londoner Bankiers Brand übereinstimmen, dürften sie nicht zu pessimistisch sein. Danach ergibt sich, gegenüber einem Zahlungsüberschuß des Jahres 1912 von 3,8 Milliarden Mark im Jahre 1915 nunmehr ein Defizit von 8,1 Milliarden Mark. Nach Brand war dieses Defizit bereits bis zum Mai 1915 eingetreten; Fortführung seiner Rechnung bis Ende 1915 steigert dasselbe schätzungsweise auf 13 Milliarden Mark. Geht man den Gründen dieser Steigerung nach, so sieht man einen bedeutenden Rückgang derjenigen Ziffern, auf denen die Weltvermittlungs- und Weltbankierstellung Englands beruht, nämlich der Warenausfuhr, der Schiffahrt, der Kommissionen, Versicherungs- und Bankgebühren, sowie der Zinsen aus Auslandsanlagen. Die Schäden, die hier eingetreten sind, werden sich nicht so bald wieder gutmachen lassen, auch wenn der Krieg zu Ende ist; einmal weil England infolge seiner rücksichtslosen Anwendung der Antifremdengesetzgebung das Vertrauen der Welt als ihr Bankier verscherzt hat, sodann weil die Einbußen, die es selbst auf den gedachten Gebieten erlitten hat, nicht ins Freie gefallen sind, sondern in noch nie dagewesener Weise dazu gedient haben, einen Konkurrenten in Gestalt der Vereinigten Staaten großzuziehen. Es war eine Kurzsichtigkeit sondergleichen, die Welt in Brand zu setzen, um zu versuchen, einen Konkurrenten, mit dem eine Verständigung möglich gewesen wäre, zu erschlagen und dafür einen anderen zum Leben zu erwecken, der nie wieder abgeschüttelt werden kann. Dem Konkurrenten Amerika wohnt dieselbe Eigenschaft inne, die Deutschland vorangebracht hat und die England, wie die Ziffern der Tabelle I uns gezeigt haben, in immer steigendem Maße abzugehen begann: die Eigenschaft, durch die Wucht selbstschöpferischer Arbeit und Ausbildung immer höherer Arbeitsenergie produktiv voranzukommen und nicht sein Heil hauptsächlich darin zu suchen, durch Besetzung aller wichtigen Umfahrts- und Durchfahrtsstraßen den Handel in die Kanäle zu zwingen, die schließlich in dem Fettherz der Welt, London, enden sollen. Der Schlag dieses Herzens war schon vor dem Kriege merklich schwächer gegen früher geworden. Nach der Blutentziehung größten Umfangs, die dieser Krieg mit sich bringt, wird es nie wieder die Stärke des alten Schlages erlangen.

Ich eile zum Schluß meiner Betrachtungen und bitte um Nachsicht, wenn dieselben länger geworden sind, als ich ursprünglich gewollt habe. Aber die Fülle des Stoffes macht es dem Darsteller schwer, sich zu beschränken. Ich hoffe, durch das Gesagte in Ihnen die Überzeugung verstärkt zu haben, welche die wirtschaftlichen Leiter Deutschlands beseelt, nämlich, daß wir unseren Hauptfeind — England — nicht zu fürchten brauchen, sondern im Vertrauen auf die Unerschütterlichkeit unserer Wehrmacht und das Zielbewußtsein der Führer von Heer und Flotte gewiß sind, den wirtschaftlichen Krieg genau so lange führen zu können, wie England selbst. Der Ansturm Englands gegen unsere wirtschaftlichen Mauern wird ebenso zerschellen, wie der militärische Ansturm der Entente an Heer und Flotte zerschellt ist.

Welcher Ausblick ergibt sich aber weiter für die Zeit, nachdem dieses gewaltige Ringen beendet sein wird? Ich knüpfe an die Hinweise an, die ich in den einleitenden Worten meines Vortrages gegeben habe. Englands Stärke — aber überlebte Stärke — lag in der unifizierenden Kraft seiner Kultur; Deutschlands Schwäche und werdende Stärke liegt in dem individualisierenden Triebe, der dem Deutschen innewohnt. Wir sehen, wie das Unifizierungs-Prinzip in diesem Kriege auf der ganzen Linie Schiffbruch erlitten hat. Wo England als Bundesgenosse erschienen ist, hat es zersetzend und zerstörend gewirkt. Ein Trümmerfeld bezeichnet die Bahn Englands, und der Rückschlag wird nicht ausbleiben, wenn die Mitglieder der Entente mit England als deren Führer abrechnen werden. Von den Bundesgenossen, die sich uns angeschlossen haben und die im Verein mit uns und durchdrungen von unseren Methoden in den Kampf gegangen sind, hat keiner diesen Entschluß zu bereuen gehabt. Im Gegenteile, sie alle stehen in ihrem Nationalitätentum neu gestärkt nach zweijährigem Ringen auf dem Posten. Das partikularistische Prinzip hat seinen Triumph gefeiert. Sein Ziel ist der Zusammenschluß freier Staaten, jeder von ihnen seine Sonderheiten ausbildend und fördernd, untereinander durch geographischen Zusammenhang und gemeinsame politische und wirtschaftliche Interessen verbunden, aber nicht dem Zwange unterworfen, sich den Stempel der führenden Macht in dem Maße aufdrücken zu lassen, wie dies Lord Rosebery erträumte, als er von der Mission seines Volkes sprach, die Erde mit Engländern zu bevölkern.

Schließlich noch eins. Wir haben gesehen, wie die politische und wirtschaftliche Stellung Englands auf seiner genial aufgebauten Überseeherrschaft beruhte und wie Voraussetzung dieser Überseeherrschaft die unbeschränkte Kontrolle der Meere ist. Hiermit ist es vorbei. Die Technik des Krieges hat einer neuen Zeit zur Geburt verholfen. Gegenüber U-Booten, Flugzeugen und Luftschiffen läßt sich die Seetyrannei nicht mehr aufrecht erhalten. Wir alle hoffen, daß der Beweis hierfür bereits während dieses Krieges mit vernichtendem Erfolge erbracht werden kann. Eines aber steht jetzt schon fest: In Zukunft wird das Meer frei sein! Stehen doch alle jene technischen Errungenschaften erst im Beginne ihrer Entwicklung und ist doch noch gar nicht abzusehen, wohin diese führen wird. England, nicht wir, muß ihren Fortschritt fürchten, denn er verhindert, daß jemals wieder eine Macht, fußend auf ihrer insularen Lage, sich das Recht anmaßen kann, über die Wogen zu gebieten und die Hochstraßen des Seeverkehrs nach Gefallen lahmzulegen. So ist die Bahn frei für eine Neuregelung der politischen Gestaltung der Welt. Deutschland ist nicht als Eroberer in den Kampf gezogen, es hat den Kampf widerstrebend und im Bewußtsein der damit unvermeidlich verbundenen Zurückwerfung der europäischen Kultur aufnehmen müssen, als er ihm von einer Gegnerschaft aufgezwungen wurde, die nichts anderes wollte, als es durch diesen Kampf zu vernich'en. Wir sind diesem Gegner dankbar, daß es so gekommen ist, daß er uns seine letzten Ziele enthüllt und an den Tag gebracht hat, wie weit die Beugung der Welt unter englisches Joch bereits fortgeschritten war. Riesenkräfte, die wir wohl fühlten, deren ganzen Umfang aber keiner von uns richtig einschätzte, sind in der Abwehr erst zu vo'lem Leben erwacht, und so ist auch an uns das Wort wahr geworden: „Was mich nicht be'iegt, das macht mich stärker.“ So bieten wir nicht nur der ganzen Welt Trotz, sondern wir haben sogar die Verteidigung zum Angriff wandeln können.

Noch sind Riesenopfer zu bringen an Blut und Gut und rückhaltsloser Hingebung an das Vaterland; sie werden gebracht werden; denn als ihr Z'el winkt, wenn wir nur wollen, die freie Bahn zur Weltgeltung, die Erkämpfung der Stellung, die unserem Können gebührt. Dieses Können weist uns die Stelle zu im Range neben den Großmächten nicht Europas, sondern der Welt, und so lautet meine Antwort auf den Ruf: „England und wir!“: „Gleichberechtigung mit England!“ Diese Gleichberechtigung, wir haben sie uns errungen, sie gebührt uns, wir werden sie uns nicht mehr entreißen lassen!

Tabelle I

I. Allgemeines

1. Land

Europäischer Besitz		Außereuropäischer Besitz	
Großbritannien	318 243 qkm	Großbritann.	32 164 703 qkm
Deutsches Reich	540 857 „	Deutsch. Reich	2 952 924 „

2. Bevölkerung

Europäische Bevölkerung

	1871	1912 bezw. 1910	Zunahme
Großbritannien	31 556 000	45 663 000	45 %
Deutschland	40 997 000	64 926 000	56,2 %

Außereuropäische Bevölkerung

Großbritannien	395 513 000
Deutschland	12 360 000

3. Volksvermögen

Großbritannien	330 Milliarden Mark	(Mac Kenna)
Deutschland	330 „ „	(Helfferich)

4. Staatsschulden

1912	Großbritannien	Deutsches Reich und Bundesstaaten
Millionen M. .	14 457	20 499
M pro Kopf. .	316,6	310,1

II. Industrielle Entwicklung

1. Stein- und Braunkohle

Produktion	1885 1000 Tonnen	1913 1000 Tonnen	Zunahme %
Großbritannien .	161 900	292 000	80,3 %
Deutschland. . .	73 700	278 600	278,5 %

Tabelle I

2. Koks

Produktion	1905 1000 Tonnen	1912 1000 Tonnen	Zunahme %
Großbritannien .	17 732	(1911) 19 262	8,6 %
Deutschland. . .	16 491	29 141	76,7 %

3. Roheisen

Produktion	1885 1000 Tonnen	1913 1000 Tonnen	Zunahme %
Großbritannien .	7 534	(1911) 10 650	41,3 %
Deutschland einschl. Luxemburg	3 688	19 309	423,5 %

4. Stahl

Produktion	1900 1000 Tonnen	1912 1000 Tonnen	Zunahme %
Großbritannien .	5 131	(1911) 6 565	27,9 %
Deutschland einschl. Luxemburg	6 646	17 302	160,3 %

III. Anteil Großbritanniens und Deutschlands an der Weltproduktion

1. Eisengewinnung

Jahr	Großbritannien	Deutschland
1870	49 %	11 %
1912	13 %	25 %

Tabelle I

2. Kohlenförderung

Jahr	Großbritannien	Deutschland
1870	59 %	13 %
1912	25 %	22 %

3. Kupferverbrauch

Jahr	Großbritannien	Deutschland
1889	33,5 %	18 %
1913	12 %	19 %

(Frankf. Ztg. 26. 10. 15. A)

IV. Außenhandel

1. Einfuhr

Jahr	Großbritannien		Deutschland	
	Millionen Mark	Zunahme in %	Millionen Mark	Zunahme in %
1872 1913	7 246 15 711	216 %	3 468 10 769	310 %

2. Ausfuhr

Jahr	Großbritannien		Deutschland	
	Millionen Mark	Zunahme in %	Millionen Mark	Zunahme in %
1872 1913	5 235 10 734	205 %	2 494 10 097	404 %

Tabelle I

V. Handelsflotte

Jahr	Großbritannien		Deutschland	
	Tonnen	Zunahme in %	Tonnen	Zunahme in %
1870	5 690 000	195%	982 000*	338%
1913	11 120 000		3 320 000	

1. Tonnengehalt der Handelsflotten

	1870	1891	Januar 1913
Britisches Reich	7 149 000*	9 280 000	11 879 000
Deutschland	982 000*	1 941 000	3 320 000
Norwegen	1 023 000*	1 489 000	1 719 000
Frankreich	1 072 000*	1 038 000	1 519 000
Italien	1 012 000*	945 000	1 137 000
Verein. Staaten	1 517 000*	3 341 000*	4 800 000*

*Brutto (übrige Angaben netto). (Frankf. Ztg. 19. 10. 15 A)

2. Verkehr durch den Suezkanal

Jahr	Anteil Großbritanniens	Anteil Deutschlands
	Netto-Register-Tonnen	
1882	81,3 %	2,5 %
1913	58 %	17 %

Deutschland hatte die zweite Stelle im Suezkanalverkehr inne. Sein Anteil wäre noch größer gewesen, wenn nicht ein erheblicher Bruchteil deutscher Güter auf holländischen, und als Durchgangswaren auf englischen Schiffen befördert worden wäre.

(Frankf. Ztg. 15. 5. 16 A)

Tabelle II

I. Die Kriegskosten und ihre Aufbringung

1. Kosten

Bisherige **Gesamt**kosten der
Entente . . . . 170 Milliarden Mark
Mittelmächte . . . . 80 „ „
(Graf Roedern 27. 10. 16)

Tägliche Kosten für
Großbritannien . . . . 100 Millionen Mark
(Asquith 24. 7. 16)
Deutschland . . . . 73 Millionen Mark
(Graf Roedern 27. 10. 16)

2. Finanzierung im Inland

Bewilligte Kriegskredite in
Großbritannien . . . . 62 Milliarden Mark
Deutschland . . . . 64 „ „

a) Ergebnisse der fundierten Kriegsanleihen
(in Milliarden Mark)

	Großbritannien	Deutsches Reich
Aufgebrachter Betrag .	19	47
Verzinsung und Ausgabe- kurs	I $3^1/_2$ % zu 95 % II $4^1/_2$ % zu 100 %	5 % zwisch. 97,50 u. 99 % $4^1/_2$ % zu 95 %

b) Kriegsschulden

Deutschland
47 Milliarden in fundierten Anleihen
Großbritannien
19 Milliarden in fundierten Anleihen
30 „ „ kurz- und mittelfristigen Schatzanweisungen

Tabelle II

3. Finanzierung im Verkehr mit dem Ausland

Englands tägliche Zahlungsverpflichtungen an das Ausland betragen 2 Millionen £ (Mac Kenna 11. 8. 16

a) Effekten-Export

Als Kredit-Unterlage oder zum Verkauf in Betracht kommender englischer Besitz 500—600 Millionen £

(Voss. Ztg. 24. 8. 16)

Vom 1. Februar 1915 bis 31. Juli 1916 wurden 1300 Millionen $ amerikanische Eisenbahn-Aktien und Obligationen von Amerika zurückgekauft, ungefähr die Hälfte des im Ausland befindlichen Besitzes.

(Schätzung des Präsidenten Loree der Delaware and Hudson Company laut „Post" 10. 10. 16)

b) Gold-Ausfuhr

Zunahme des amerikanischen Goldvorrats

1. Juli 1913 bis 30. Juni 1914	22	Millionen $
1. „ 1914 „ 30. „ 1915	103	„ „
1. „ 1915 „ 30. „ 1916	446	„ „

(Nieuwe Rotterd. Courant. Berliner Börsen-Courier 19. 10. 16)

c) Auslands-Anleihen

Herbst 1915. Englisch-französische Anleihe in den Vereinigten Staaten von Amerika.

Aufgelegter Betrag 500 Millionen $, vom Publikum gezeichneter Betrag 300 Millionen $, Zinsfuß 5 %, Laufzeit 4 Jahre, Übernahmekurs 96 %, Emissionskurs 98 %, Kurs September 1916 ca. 95 %.

August 1916. 250 Millionen $ englische Anleihe in den Vereinigten Staaten gegen Hinterlegung von 300 Millionen $ neutraler Effekten. Zinsfuß 5 %, Laufzeit 2 Jahre, Übernahmekurs 98 %, Emissionskurs 99 %.

Oktober 1916. Verhandlungen wegen einer neuen Anleihe von 250 bis 300 Millionen $ in den Vereinigten Staaten gegen Hinterlegung von 120 % neutraler Wertpapiere.

Verschiedene Valuta-Anleihen in neutralen Staaten.

Tabelle II

II. Zur allgemeinen wirtschaftlichen Lage Englands

1. Frachtraumknappheit

Bisheriger Schiffsverlust Englands
2 Millionen t (Mac Kenna lt. Times 2. 11. 16)
2,5 „ t (Deutsche XI. Liste lt. Köln. Ztg. 9. 11. 16. I)
bei einer Brutto-Tonnage von 20 Millionen t (1913)

2. Teuerung

Preise (Indexziffern des Economist 4. 11. 16)	Durchschnitt der Jahre 1901 bis 1905	Juli 1914	Oktober 1916
Insgesamt	2 200	2 549	4 596
Getreide und Fleisch . .	500	565½	1 124½
Andere Lebensmittel . .	300	345	543
Textilwaren	500	616	990½
Mineralien	400	471½	850½
Verschiedene (Gummi, Holz, Öl usw.)	500	551	1 087½

Weizenernte in Amerika

	Vereinigte Staaten	Canada
1915:	1011 Mill. Bushels	376 Mill. Bushels
1916:	608 „ „	159 „ „ (Schätzungen).

New Yorker Notierungen für Weizen

3. Januar 1916	132½ Cents p. Bushel
23. Juni 1916	106¾ „ „ „
30. September 1916	164 „ „ „
28. Oktober 1916	186¼ „ „ „

(Frankf. Ztg. 26. 10. 16. I)

Weizenpreis per Tonne:

in England M 387,–, in Deutschland M 260,–.

(Frankf. Ztg. 31. 10. 16. A)

Tabelle II

Baumwollernte in Amerika

Schätzung für 1916 11,6 Millionen Ballen gegen 16,6 Millionen bezw. 14,6 Millionen in den beiden letzten Friedensjahren.

New Yorker Notierungen für Baumwolle

Anfang Januar	1916	12,40	Cents p. Pfund
23. Juni	„	13,10	„ „ „
Ende September	„	16,—	„ „ „
24. Oktober	„	19,30	„ „ „

(seit 1877 nur einmal mit 19,75 in 1910 überschritten)

(Frankf Ztg. 26. 10. 16 I)

3. Englands Außenhandel im Kriege

Die amtlich veröffentlichten Ziffern über Einfuhr und Ausfuhr sind unvollständig und enthalten die Regierungslieferungen nicht. Für den Umfang der letzteren ist bezeichnend, daß 60% der britischen Flotte von der Regierung beschlagnahmt sind. Es betrug die Ausfuhr

im ersten Halbjahr	1914:	314 3/4	Millionen £
„ „ „	1915:	235	„ £
„ „ „	1916:	296	„ £

Die Steigerung des Wertes ist die Folge allgemeiner Preiserhöhung bei gleichzeitiger Verminderung der Ausfuhrmengen, wie nachstehende Aufstellung zeigt.

Zunahme (+), Abnahme (—) der Ausfuhr

1916[I] gegenüber 1914[I]

	dem Wert nach	der Menge nach
Baumwollgewebe	— 13,4 %	— 22,9 %
Wollengewebe	+ 50,6 %	+ 35,8 %
Kohlen	— 10,2 %	— 44,8 %
Roh- und Puddeleisen	+ 102,6 %	— 5,5 %
Bleche	+ 256,3 %	+ 144,3 %
Stahl	+ 324,8 %	+ 215,9 %
Eisen- und Stahlwaren	+ 15,2 %	— 26,5 %

(Frankf. Ztg. 19. 8. 16. A)

Tabelle II

4. Die englische Zahlungsbilanz vor und im Kriege

(Ein Versuch)

Alles in Millionen Mark	1912	1915	Alles in Millionen Mark	1912	1915
Einnahmen.			**Ausgaben.**		
Gesamt-Warenausfuhr	12 000	9 000	Gesamt-Wareneinfuhr	15 000	18 600
Schiffahrt (Reingewinn)	2 400	1 800	Goldzufluß	100	—
Kommissionen, Versicherung, Bankgebühren	600	200	An die Verbündeten	—	8 300
Kolonialtribut	260	260	Ueberschuß	3 820	—
Schiffsverkäufe	160	—			
Zinsen aus Auslandsanlagen	3 500	2 800			
Effektenverkäufe	—	4 250			
Goldabfluß	—	490			
Fehlbetrag	—	8 100			
Zusammen	18 920	26 900	Zusammen	18 920	26 900

(Frankf. Ztg. 28. 10. 1915. I)

Schlagendste Beweisführung
für Deutschlands ebenbürtige Kraft im Kampfe um Dasein und Weltgeltung aus der Feder eines an maßgebender Stelle stehenden Praktikers.

FSC
www.fsc.org
MIX
Papier | Fördert gute Waldnutzung
FSC® C083411

Kolibri 360 GmbH
Ferdinand-Jühlke-Straße 7
99095 Erfurt, Deutschland
produktsicherheit@kolibri360.de